AF468020

CHAMBRE DE COMMERCE DE BAYONNE

Séance du 13 Octobre 1880

QUESTION

DU

RACHAT DES CHEMINS DE FER

ET DE LEUR EXPLOITATION PAR L'ETAT

RAPPORT

Par M. J. PORTES

Président de la Chambre de Commerce

BAYONNE

Imprimerie et Lithographie A. Lamaignère, rue Chegaray, n° 39

1880

QUESTION

DU

RACHAT DES CHEMINS DE FER PAR L'ÉTAT

CHAMBRE DE COMMERCE DE BAYONNE

Séance du 13 Octobre 1880

QUESTION

DU

RACHAT DES CHEMINS DE FER

ET DE LEUR EXPLOITATION PAR L'ETAT

RAPPORT

Par M. J. PORTES

Président de la Chambre de Commerce

BAYONNE

Imprimerie et Lithographie A. Lamaignère, rue Chegaray, n° 39

1880.

CHAMBRE DE COMMERCE DE BAYONNE

(Extrait du Procès-Verbal de la Séance du 13 Octobre 1880)

QUESTION

DU

RACHAT DES CHEMINS DE FER PAR L'ÉTAT

MESSIEURS,

Je viens encore vous entretenir de nos voies ferrées, mais cette fois, il s'agit du rachat de nos grandes lignes.

A ceux qui me reprochent de dire toujours la même chose, je répondrai avec le Pierrot du Don Juan de Molière : « Je vous « dis toujours la même chose, parce que c'est toujours la même « chose, et, si ce n'était pas toujours la même chose, je ne vous « dirais pas toujours la même chose. »

Comme il fallait s'y attendre, cette grave question du rachat a soulevé des polémiques, ardentes, passionnées. — La France a été inondée de brochures et de journaux traitant ce sujet avec une vivacité de langage qui rappelle un peu trop la fameuse coalition des protectionnistes à outrance et le but qu'ils se proposaient d'atteindre.

Il ne faut pas se le dissimuler, Messieurs, la question est complexe et difficile à résoudre. En ce moment, il y aurait, selon moi témérité à entrer dans la voie où quelques esprits, plus généreux que pratiques, paraissent vouloir nous entraîner.

Toutefois, et malgré tout le respect que m'inspirent les savantes études et les résolutions énergiques de la plupart des Chambres de commerce et des Conseils généraux, il me sera permis de faire ici quelques observations sur l'optimisme général qui se dégage de leurs délibérations.

Toutes ou presque toutes ont une tendance manifeste à trouver tout pour le mieux dans les agissements des Compagnies et cet hommage rendu à un monopole excessif, qui abuse de la complicité des uns et de la coupable indifférence des autres, semble indiquer une préoccupation presque exclusive : La protection de l'*actionnaire* et de l'*obligataire* au détriment des intérêts généraux du pays.

La thèse soutenue, avec une certaine exagération, par la majorité de nos grandes corporations, emprunte aux circonstances que nous traversons un caractère qui frappe les esprits les moins prévenus. Il semblerait, à entendre ces corporations, que le ciel n'est pas plus pur que les intentions des grandes Compagnies *qui ont tant fait pour la richesse publique*..... avec l'aide des millions puisés dans la caisse de ces bons contribuables dont on s'occupe fort peu.

Donc, de ces magnifiques élans philanthropiques, de ces nobles et généreux sentiments dont les grandes Compagnies seraient animées en faveur du bien public, il en faut beaucoup rabattre et, sans être pessimiste, je crois qu'on fait imprudemment la part trop belle à ces Compagnies et qu'on oublie trop facilement le joug de fer imposé par elles à l'Agriculture, au Commerce et à l'Industrie.

Ne pas exiger, en cette occurrence, la réforme de leurs innombrables tarifs et de la marche de leurs trains, ce serait tenir la porte ouverte à tous les abus, livrer aux Compagnies la fortune publique et s'exposer ainsi à passer éternellement sous les fourches caudines d'une féodalité financière.

A mon avis, Messieurs, ce qui a inspiré aux Compagnies ces prétentions hautaines, ces dédains pour toutes les réformes justes et équitables, ces hardiesses incroyables dans le jeu habile de leurs tarifs, c'est la mollesse des gouvernements dans l'exécution de la loi et des cahiers des charges.

Pour mieux mettre en relief l'étrange situation créée par ces faiblesses, je ne puis mieux faire que de citer cette lettre d'un Inspecteur général du contrôle de l'Etat à un de ses subordonnés :

« N'allez jamais au devant des réclamations du Commerce et « gardez-vous de les provoquer; attendez qu'elles se produisent. »

Cela prouve évidemment que le contrôle de l'Etat n'est que

superficiel et qu'il existe entre lui et les grandes Compagnies, une entente des plus cordiales.

Il me reste à examiner sommairement quelques-unes des importantes questions soulevées par ce que l'on appelle improprement *le Rachat des chemins de fer*, car nos chemins de fer, on l'a déjà dit et il n'est pas inutile de le répéter, sont la propriété inaliénable de la nation, et non des Compagnies. L'Etat ne saurait par conséquent racheter une chose qui lui appartient.

En aliénant l'exploitation de ses voies ferrées, il s'est réservé pour certaines le droit à l'exploitation après la quinzième année, surtout si l'intérêt public le lui commande.

Pour le moment, il ne s'agit donc que d'examiner la question d'opportunité, puisque la loi qui établit cette faculté fixe également les conditions auxquelles l'État pourrait la mettre en pratique.

A ce propos quelques Chambres de commerce, dominées par d'étranges préoccupations, se demandent :

« Que deviendraient les immenses capitaux confiés depuis « quarante ans aux grandes Compagnies et qu'elles évaluent sans « hésiter à *trois milliards* en capital-actions et à *douze milliards* « en capital-obligations ?

« Comment l'Etat ferait-il face à toutes ces impossibilités ? « Comment sortirait-il de toutes ces inextricables difficultés ?

« Est-ce que l'initiative privée n'en sera pas écrasée à tout « jamais ? »

Il y a dans ces craintes une exagération manifeste et une grosse erreur.

L'Etat, chacun le sait, peut devenir propriétaire du capital-obligations *sans bourse délier*. La loi a prévu le cas et la redevance qu'il serait forcé de payer aux obligataires ; il la trouverait dans les revenus de son exploitation. En somme, actions et obligations deviendraient *des valeurs d'Etat* et les intérêts seraient servis par les caisses publiques.

L'agiotage de bourse en souffrirait, peut-être, mais où serait le mal ?

Quant à l'initiative privée, j'en suis très fort partisan : J'y vois un puissant moyen d'éducation et d'émancipation du pays par le travail. Mais en quoi, s'il vous s grandes Compagnies à monopoles et subventionnées par l'Etat ressemblent-t-elles à l'initiative privée ?

Pour ma part, lorsque je vois ces financiers, ces industriels, mendier des subventions à la caisse du trésor public, sous le prétexte d'améliorer le sort de la classe la plus nombreuse des travailleurs, je les repousse parce que je n'aime pas plus le communisme d'en haut que le communisme d'en bas.

Si, en principe, nous avions eu à choisir entre le monopole des six grandes Compagnies ou celui de l'Etat, nous aurions demandé, sans crainte, que l'Etat fût le maître absolu de nos grandes lignes; et quoi qu'en dise le savant directeur de la Compagnie de l'Est, qui trouve que la France n'a rien de mieux à faire qu'à se jeter dans leurs bras, je persiste à croire, malgré tous les *orfèvres* des Compagnies, que l'Etat nous aurait mieux traités qu'elles et qu'il serait demeuré toujours le gardien vigilant et désintéressé de tout ce qui constitue la force, la grandeur et la richesse du pays. Les Compagnies, au contraire, fidèles à cette idée qu'elles ont érigée hardiment en principe, *de demander à la marchandise tout ce qu'elle pouvait et devait donner*, n'ont jamais eu d'autre souci que d'obtenir, comme nous le voyons, de gros dividendes et d'augmenter la valeur de leurs actions, sauf, dans les moments de crise, à recourir encore à la caisse des contribuables.

En vue de ce qui précède, devons-nous admettre, avec la Commission, l'opportunité du rachat? Je ne le crois pas. L'opinion publique paraît la repousser et les raisons qui ont provoqué et motivé cet élan général me paraissent péremptoires et décisives.

Il est évident que le moment a été fort mal choisi.

Les Compagnies sont arrivées, à cette heure, à l'apogée de leur fortune. Or, en prenant à leur charge les nouveaux réseaux projetés et en se rapprochant de plus en plus de l'expiration du contrat, qui doit rendre à l'Etat la propriété complète des voies ferrées, elles touchent à la période décroissante de leurs valeurs, et le pays ne peut que gagner à l'attendre. En outre, de vastes projets de travaux publics sont à l'étude ou à même de recevoir un commencement d'exécution. D'immenses capitaux doivent être engagés dans nos ports de mer, nos fleuves, nos canaux. Il faut ménager toutes nos ressources pour atteindre ce but patriotique sans secousses et enlever aux ennemis de nos institutions et aux spéculateurs éhontés tout prétexte et tout moyen d'effrayer le pays et de porter atteinte au crédit public par des manœuvres coupables.

Ensuite, le Gouvernement se préoccupe sérieusement de dégrever les lourds impôts que nous devons en grande partie à nos folles guerres et à nos désastres. Il est d'une sage politique de ne pas l'arrêter dans cette bonne voie par de nouvelles charges.

Or, en essayant de résoudre actuellement cette immense opération du rachat, ce serait nous lancer dans une grosse aventure et jeter le trouble dans toutes les transactions.

Suit-il de là que nous devions courber la tête sous l'omnipotence des Compagnies qui exploitent nos chemins de fer et surtout le public ? Non certes, nous devons, au contraire, profiter de ce que l'épée de Damoclès du rachat menace leurs têtes pour battre en brèche, avec plus de vigueur que jamais, un monopole dont nous surtout, Pyrénéens, sommes les victimes préférées.

Permettez-moi, Messieurs, de vous dire un mot à ce sujet sur l'origine de nos voies ferrées, si curieuse et si oubliée. La période de tâtonnements et d'hésitations fut longue. La petite ligne de St-Germain créée par M. E. Pereire, et qui fut le berceau de nos chemins de fer, trouva, en face d'elle, d'illustres incrédules à la tête desquels étaient M. F. Arago et M. Thiers. Ce dernier, comme Ministre des travaux publics, poursuivit de ses plaisanteries et de ses sarcasmes la création des lignes de St-Germain-Versailles et persista à les considérer *comme une sorte de montagne russe destinée à l'amusement du public parisien.*

Vint la loi de 1842, qui codifia l'action simultanée de l'industrie privée et de l'Etat. Le baron James de Rothschild, déjà tout puissant, entra timidement dans cette œuvre immense, aidé et poussé par les Pereire. Cette alliance fut féconde. Enfin, 1852 vit s'ouvrir l'ère des unifications. Les luttes et les tâtonnements cessèrent, et le crédit se développa par le système fertile de l'*action* et de l'*obligation*. En 1859, les grands réseaux atteignent déjà une prospérité incroyable. Mais, comme toute médaille a son revers, par la convention de 1859, l'Etat accepta la solidarité des Compagnies, se livra à elles et devint leur associé. Et comme le dit très judicieusement le publiciste distingué, M. A. Chérot :

« Le régime de garantie d'intérêt, inventé par les hommes de « l'Empire, permit aux Compagnies de construire le second « réseau à des prix sans contrôle et qui atteignirent des chiffres « insensés, et même de les exploiter sans limitation de dépenses. « Les Compagnies furent encore désintéressées des conséquences « financières, des accidents et des catastrophes, puisque la « garantie d'intérêt prend les frais à sa charge. »

Cette convention de 1859 eut des conséquences fatales pour nous, en ce sens qu'elle constitua le régime despotique de six grandes Compagnies, régime qui étouffa l'initiative privée en s'y substituant.

Ce monopole, Messieurs, a des racines partout. Et par ses influences multiples et souterraines, il est devenu un grave danger économique pour le pays. Enfin, il a tellement grandi de nos jours qu'il se joue impunément des contrats qui le lient, transgresse les lois et se pose hardiment en face de l'Etat pour traiter avec lui de puissance à puissance. Ainsi, par exemple, cinq départements de la région Sud-Ouest de la France sont mis hors la loi par la Compagnie du Midi, qui les traite en pays conquis. Notre faible voix s'élève pour protester, pour demander justice, elle reste sans écho.

Chargés de répondre aux questionnaires du Sénat et de la Chambre à propos des tarifs, nous adressons, en juin 1877, un mémoire à M. le Ministre des travaux publics; nous le faisons suivre bientôt de deux délibérations, relatives au projet de création de nouvelles voies ferrées; et, M. de Freycinet nous déclare, dans la conférence de septembre 1878, qu'il n'a jamais reçu ces divers documents et qu'il en ignorait l'existence. Nous faisons rechercher aux archives du Ministère l'important dossier du chemin de fer des Aldudes, toujours repoussé par la Compagnie du Midi, les cartons sont vides, le dossier a disparu.......

Nous reproduisons, sous toutes les formes, nos plaintes, nos griefs. Nous demandons énergiquement au département des travaux publics l'exécution rigoureuse du cahier des charges. Le Ministre nous donne enfin satisfaction et prescrit à la Compagnie d'avoir à s'y conformer. Au lieu de s'exécuter loyalement, la Compagnie tourne la difficulté, *diminue encore* la marche de ses trains et rend les prescriptions ministérielles sans effet.

Si je me suis écarté un instant de la question du rachat, c'est que nous sommes placés dans une situation exceptionnelle et que nous avons pour mission de protéger et de défendre les intérêts de contrées déshéritées et placées, jusqu'à ce jour, par la Compagnie du Midi, en dehors du droit commun.

Fait inouï et qui paraît être ignoré de la Chambre et du Sénat comme de la grande presse parisienne qui ne s'en est pas encore occupée.

C'est pour ces motifs, Messieurs, que je vous propose de mettre à profit cette nouvelle occasion, de préciser encore nos légitimes réclamations en les résumant sur trois points principaux : *les tarifs, la marche des trains, le contrôle.*

Les Tarifs. — Nous l'avons déjà dit, ces tarifs, par leur multiplicité, par leurs combinaisons machiavéliques, sont comme un labyrinthe inextricable où s'égarent les plus habiles. Aussi, M. Pouyer-Quertier pouvait-il dire à la Chambre : « Je n'ai pas « osé apporter ici le tarif des chemins de fer français, imprimé « en lettres microscopiques et qui a 1,400 pages in-4°. Les « employés eux-mêmes ne peuvent s'y retrouver », et comme le rapporteur semblait mettre en doute ces difficultés, le député normand s'écria :

« Eh bien, Monsieur le Rapporteur, je vous donne une heure « pour m'indiquer le prix du transport d'une tonne de blé de « Lille ou de Roubaix à Marseille! J'attendrai votre résultat, et « soyez-en sûr, il ne sera pas exact. »

Et, M. Allain-Targé ajoutait : « Au Havre, des armateurs, des « négociants, qui ont voulu fonder un enseignement commercial, « ont vainement cherché parmi eux un professeur de tarifs. « Personne n'a osé s'en charger. »

L'Etat, en se désintéressant de cette importante question, a placé dans les mains des grandes Compagnies cette arme à deux tranchants qui leur a permis de ruiner le cabotage et la batellerie et de pousser l'abus du monopole jusqu'à supprimer des villes, protéger telle industrie au détriment de telle autre et favoriser même l'industrie étrangère contre l'industrie française. C'est ainsi que vous avez constaté sur le réseau du Midi des écarts de 50 à 240 % sur des parcours de 200 kilomètres.

Quant aux tarifs internationaux, c'est encore pire. L'année dernière, M. de Bismarck disait au Parlement allemand :

« Tant que les chemins de fer pourront transporter tout ce qui « vient de l'étranger à meilleur compte qu'ils ne transportent « l'exportation indigène, nous ne pourrons arriver à aucun effet « de nos droits de douane. Il est impossible qu'on délaisse ainsi « les intérêts de notre pays; encore dernièrement, une fabrique « de papier de Saxe s'est plainte de payer plus de port pour le « transport de son papier pour Londres que pour le transport « d'objets d'importation étrangère. C'est ainsi que nous ruinons « notre exportation. »

Que dirait-on si l'on savait que, dans notre beau pays de France, la Compagnie du Midi peut impunément jouer avec les tarifs internationaux et se livrer à des écarts de 240 à 900 % sur une distance de 198 kilomètres?

Marche des trains. — Le pays tout entier et surtout son Gouvernement ne semblent même pas soupçonner qu'il existe dans le Midi de la France un nouveau réseau d'environ 600 kil., ses embranchements compris, qui est mis hors la loi par la Compagnie du Midi, car on y marche à 20, 25, 36 kil. au plus à l'heure, par des trains qu'on appelle mixtes et *express*. Sur ces lignes infortunées, la Compagnie a fait du *Times is money* un proverbe à double face.

Sur l'ancien réseau on va très-vite et sur le nouveau très-lentement et, par cette combinaison, le voyageur qui a intérêt à aller vite prend l'ancien réseau, seulement il paie son voyage 30 % plus cher. Donc, le *Times is money* a tort et raison à la fois. C'est habile, mais ce n'est pas honnête.

La Chambre de commerce d'Amiens, mettant à profit la question du rachat demande, entr'autres choses, que la marche de ses trains OMNIBUS soit portée de 35 kilomètres à l'heure à 50 kilomètres !

Et nous qui luttons depuis quatre ans sans pouvoir obtenir pour nos trains appelés *express*, une modeste marche de 40 kilomètres !!

Est-ce assez humiliant? Cependant nous payons religieusement nos contributions et nous n'avons pas cessé, que je sache, d'appartenir à la grande famille française. — On nous fait espérer qu'il sera mis bientôt un terme à ce scandale public. Nous verrons bien.

Contrôle de l'Etat. — Ce contrôle est frappé de stérilité et demande une réforme radicale pour tout ce qui est exploitation commerciale. Il se meut dans un cercle vicieux et il est pour les Compagnies, comme s'il n'existait pas.

Le vice capital, chacun le connaît et le signale tout bas. Il est temps de le faire disparaître et le Gouvernement n'y parviendra qu'en remplaçant le personnel supérieur par des industriels, des agriculteurs ou des commerçants.

Le contrôle échappera ainsi aux influences pernicieuses des Compagnies et deviendra efficace.

En résumé, nous demandons :

1° Que la fixation des tarifs cesse d'appartenir à l'arbitraire des Compagnies pour passer exclusivement dans les mains de l'Etat ;

2° Que les tarifs soient unifiés et abaissés, la richesse publique dépendant du bon marché des transports et que les Compagnies ne puissent désormais s'en servir pour compromettre la fortune publique en favorisant la concurrence étrangère au préjudice de l'industrie nationale ;

3° Que les trains du nouveau réseau des Pyrénées jouissent, à l'avenir, des mêmes avantages que toutes les grandes lignes françaises et qu'ils ne soient mis en marche qu'à des heures convenables ;

Que la ligne de Madrid à Marseille par Bayonne, Pau et Tarbes se soude à Toulouse avec le rapide arrivant de Bordeaux sur la Provence et suive sa marche sans interruption ;

4° Que le contrôle de l'Etat, radicalement réformé, soit désormais une vérité.

A ces conditions et sous cette réserve expresse, la Chambre émet l'avis que la question du rachat et de l'exploitation par l'Etat des chemins de fer doit être ajournée dans l'intérêt du trésor et du pays.

Le Président,

J. PORTES.

La Chambre, après une courte discussion, décide à l'unanimité :

1° Que la lettre de son président sera convertie en délibération et imprimée.

2° Qu'il en sera envoyé un exemplaire à MM. les Ministres de l'Agriculture et du Commerce, des Travaux publics et des Finances, aux Députés et aux Conseillers généraux des Basses et Hautes-Pyrénées ainsi qu'aux Chambres de commerce.

J. PORTES, *président* ; H. HOUDAS, *vice-président* ; TOURNIER ; A. MOULIA ; H. PLANTIÉ ; MIRASSOR ; J. GOMMÈS ; E. PROHARAM et DAGUERRE, *membres.*

Bayonne, imprimerie LAMAIGNÈRE, rue Chegaray, 39.

www.ingramcontent.com/pod-product-compliance
Ingram Content Group UK Ltd.
Pitfield, Milton Keynes, MK11 3LW, UK
UKHW020554230726
13925UKWH00006B/2587